The Chagall Winnocks

The Chagall Winnocks
wi ither Scots poems and ballants o Europe

TOM HUBBARD

This new paperback edition published 2012 by
Grace Note Publications C.I.C.
Grange of Locherlour,
Ochtertyre, PH7 4JS,
Scotland

books@gracenotereading.co.uk
www.gracenotepublications.co.uk

ISBN 978-1-907676-20-8

First published in 2011

Front cover photo:
Marc Chagall: *Le juif errant*, 1924
with kind permission of the
Association des Amis du Petit Palais, Genève.
Photographic credit: ***Studio Monique Bernaz, Genève.***

FIR MARJORIE AND RONALD STEVENSON

Nae man can dee himself full justice
except in his ain mither tongue
Gavin Greig, *Logie o Buchan* (1899)

ACKNOWLEDGMENTS

'All art is a collaboration' (J.M. Synge). The follaein friens and colleagues hae helped muckle alang the wey, as native speakers guidin me through their leids fir the purposes o transcreation, and / or wi their warm company, advice, forby encouragement relatin ti the poems i this gaitherin:

Jamie Reid Baxter, Margaret Bennett, Sheena Blackhall, Eberhard (Paddy) Bort, John Brewster, the late George Bruce, Rick Chess, Lindsay Davidson, Anette Degott-Reinhardt, Dominique Delmaire, Richard Demarco, Tony Dilworth, Andrea Fabbri, Győző Ferencz, Matthew Fitt, Lillias Scott Forbes, the late Duncan Glen, late Margaret Glen, Christopher Harvie, William Hershaw, late Pearse Hutchinson, the late John Law, Jane MacAllister, J. Derrick McClure, David McHutchon, Gonzalo Mazzei, Dmytro Morykit, the late William Neill, Eiléan Ní Chuilleanáin, Nancy Nicolson, late George Philp, Heidelinde Prüger, Tessa Ransford, Mario Relich, James Robertson, Carla Sassi, Sabine Schmid, Marjorie and Ronald Stevenson, Emília Szaffner, Bill Tinley, Zsuzsanna Varga, Ian Nimmo White, James Wilkie, Eric Wishart, the late Billy Wolfe, forby mony ither guid fowk in Scotland and elsewhaur in Europe.

Thanks are due ti the editors and publishers o the follaein, in whilk the poems hae appeared ower the years: *Alchemie o the Wurd* (Scots Glasnost), *At the End of the Broken Bridge* (Carcanet), *Borne on the Carrying Stream* (Grace Note Publications), *Briggistane* (Shetland), Brindin Press, *Cothrom, Cyphers* (Dublin), *Edinburgh Review, Epona* (Hungary), *European Poetry in Scotland: An Anthology of Translations* (Edinburgh University Press, 1989), *Fife Lines, Four Fife Poets* (Aberdeen University Press), *Fox* (Edinburgh University students' poetry magazine), *Fras, Fringe of Gold: the Fife Anthology, The Gairfish, King o the Midden: Manky Mingin Rhymes in Scots* (Itchy Coo), *Lallans, Leuvense Letters, Lines Review, The New Makars, NorthWords, Poetry Ireland Review, Present Poets 2: Scotland to the World, the World to Scotland* (NMS Publishing), *The Saltire Society Newsletter, Scottish Faust* (Kettillonia), *Scots Glasnost, Scottish Slavonic Review, Scrievins, Spectrum* (Kilmarnock), *Tratti* (Faenza), *Die Universität Online* (University of Vienna), *West Coast Magazine* (Glasgow).

Contents

TALES O A STRAVAIGER

Thir poems form a record o my European traivels, in body and/or speirit, ower the past thirty year. I hae gaithered here pieces that hae appeared in a variety o anthologies, magazines and pamphlets: it seemed a guid time ti dae sae, as I hae recently become somethin o 'a sixty year old smiling public man.' Ye canna argue sae muckle aboot whit it means ti be saxty – it's a fack – but the naitur o 'public' is apen ti question, as is (aa the mair) whit a body micht mean bi 'smiling'.

The 'translations' i this gaitherin wad be better described as 'transcreations' (ti yuise the term preferred bi the makar Tom Scott). The prose coonterpairt ti the present buik is my novel, *Marie B.* (Ravenscraig Press, 2008), whilk is ane reconstruction o the life and wark o the nineteenth-centurie Ukrainian penter and diarist Marie Bashkirtseff.

Tom Hubbard
December 2010

SCOTLAND

In Kirkcaldy I grew up wi the legends o the supposit local lawd Michael Scot, the medieval polymath wha wis believed ti hae made ane pact wi the Deil. He appears in ane o the circles o Dante's Inferno, and cuid be claimed as the 'Scottish Faust'.

MEPHISTOPHELEAN BALLANT-SCHERZO
ON ANE FIFE LEGEND

- See that boy Faust? He scunners me,
  The toffee-nebbit craitur:
Aye on at me ti dae the wark
  That's richt agin my natur.

Says I, 'You're fir the warkin fowk -
  Fine words, Faust! I'll be blunter:
Thae schemes o yours are faur abüne
  The heid o your avrage punter.

'Time wis, a stair that wad unrowe
  As you'd gang up or doun;
A walin o my pliskiest deils
  Paradin throu the toun;

'Time wis, that saired the masses weill -
  Christ! Hit wis aa they kent!
They're better aff, but still they want
  The-day's equivalent.

'Like bairns that, gie thaim wine or juice,
  Be shair they'll tak whit's sweetest;
It's as it wis and aye'll be!
  Faust, son, you're an élitist!'

I tak the doktor doun the shore
  And scoop intil his haund
Whit's cheengeless as the fowk theirsel -
  And common tae - the saund.

'Leuk there', says I, 'fir nae twa grains
    'll ever byde thegither;
Ilkane will think itsel unique
    Though we canna tell ane frae the t'ither.'

This Faust says I'm a clever deil;
    Mony a ferlie I've wrocht;
Is there some darg I canna dae?
    He canna think o ocht.

'I'm shair that Mephistopheles
    Is the dabbest o dab haunds
At makkin me the finest raip
    Frae the grains o Scotlan's saunds.'

Weill! Hit's eneuch ti gar the deil
    Defect at last ti Gawd:
I wove, and still I better wove,
    But the stuffie wadna haud.

Hit gars an honest deil ti wish
    He'd bade at hame in Hell!
- Sae if Faust still wants his raip o saund
    He can dae 't his bluidy sel.

1991

FINLAND

I first cam across this poem bi wey o Kirsten Flagstad's braw recordin o Sibelius's sang-settin o the Swedish original, 'Flickan kom ifrån sin älsklings möte'. Less kent is the airlier (c. 1893-94) settin bi the Swedish composer Wilhelm Stenhammar. Baith versions hae been recordit bi the soprano Barbara Bonney.

THE LASS COME BACK FRAE TRYSTIN WI HER JO

Frae the Swedish o Johan Ludvig Runeberg

The lass come back frae trystin wi her jo,
Come back wi haunds aa reid. – Her mither speired her:
'An whit fir are your haunds sae reid, my dochter?'
The lassie awnsered, 'I hae poukit roses,
And my haunds were stuggit bi their jags.'
Aince mair she come frae trystin wi her jo,
Come back wi lips aa reid. – Her mither speired her:
'And whit fir are your lips sae reid, my dochter?'
The lassie awnsers, 'I hae eaten rasps,
And my lips are tashed wi berry-bree.'
Aince again she's trystin wi her jo,
Comes back wi peelie chafts. – Her mither speirs her:
'And whit fir are your chafts sae peelie, dochter?'
The lassie awnsered: 'Redd a grave, o mither,
Hide me there, and stell a cross abüne,
Then scart upon that cross, juist as I tell you:
Aince she come back hame wi haunds aa reid,
Reid they'd turned atween her luver's haunds.
Aince she come back hame wi lips aa reid,
Reid they'd turned aneath her luver's lips.
Then she come back hame wi peelie chafts,
Peelie that her luver wis sae fause.'

1990

7

DENMARK

There are even mair references ti Scandinavian music in the follaein poem. In 1981 I visitit the birth-village, on the island o Fyn, o the Danish composer Carl Nielsen. Back i thir pre-Google Maps days, it wisna easy ti find a physical reminder, in Nørre-Lyndelse, o yer man himsel. But I'd a vague idea there wis a monument there–I'd seen a pictur o't on a record sleeve. I'm a persistent bugger and, somehou, I fund it.

    Mentioned in the poem are Nielsen's operas Saul og David *and* Maskarade, *forby the Saicont and Fowerth Symphonies, and the 'Theme and Variations' pianie piece.*

HOMAGE TIL CARL NIELSEN

At Nørre-Lyndelse, Fyn (Funen)

1

Ti reenge aa ower the globe in bairnlie wunner
At spreid o oceans, continents and deserts;
Ti mairvel at the awesome bens, the reek and steir o
      buirdlie cities;
Ti tak aa this, and mair,

And yit ti keek sidelins,
Lattin the erd turn on and turn awaa
Frae my inmaist thochts – it's then I mak repone
Straucht ti the beckonin o the merest inch,
A raggit scrap, a crumb
Lang drapt frae Europe's bouk intil the sea,
Syne tucked inby this corner o aa corners –
Ti whilk comes me, e'en smaaer nor itsel.
Still bairnlie aboot it,
Kittled up fir adventure,
But quaitlike tae, as gin my ferlie quest
Wis airtit ti a grun whaur ye micht growe
Ti flooer warld-wide.

2

The great man's wark
Latent in the first skirl o the bab;
Ilk ootcome o a phrase,
Subtle, but somehou naitral,
As gin it cuidna tak anither gate:
Aa this wis formin in a wee loun's pliskies.

Whan he and his muckler pals
Cam traikin throu the loan
Frae rammies wi the gangs o neibourin clachans,
His faither's dander wis fairly up, nae doot,
Yit bluidie neb or skelpit bum's a stert –
Fir he'd hae wechtier warsles ti record.

Ay, this wis the foond o it aa;
Aiblins at hairst-time a ballant heard i the park,
Gut-scrapers at the ingle-cheek,
A blin musician
Airnin gey few bawbees in a bevvie-hous –
Sae Carl wad lear o maitters in this life
Cryin ti be confrontit:
The speirit o his fowk
Raxin ootby, and throu him, faurer yit,
'Yont Marx's 'idiocie' o the kailyaird;
Nae kailyaird thon, but apen ti the cheenge
O ilka tid and saison.

3

The sangs o innocence and experience:
The twa can soond in bairnheid – and thereëfter;
The 'yince upon a time' is fir aa time,
As kent thon skinnie Hans frae up the road.
A glaikit laird, vauntin his cheatrie claes –
An ugsome burd o the dub –
Images that baith please and stertle
In a blink:
The instant whilk lichts up the hale o a life
Wi an unexpeckit turn frae plus ti minus
Or minus ti plus. It's this that sairs us weill,
Gin that we're lawdie or deuklin,
High-heidyin or swan.

4

Sic wis the pad I tuik throu thon wuid
Whan I socht the monument:
I didna ken whaur it wad lead me nixt …
The zig-zag o a snake,
Pynt and coonterpynt:
First, choleric; then, phlegmatic;
Melancholic succeedit bi sanguine;
Saul, Goliath – but Dauvit;
Jeronimus, solemn, fou-breekit,
Wi a lauch and a daunce deflatit;
And wi aa its twynin and trauchlin agin its faes,
Wad thon theme frae the clarinet win throu at the end?

5

Cleirin my wey mang fankle o the trees,
I fund the brek o the mirk as the leaves pairtit,
Wi the pedestal afore me in a neuk
Whaur I cuid lay by;

Then aa the simmer skinkled on the bronze
O a peerie chiel wi his whussle, and his een
Kest up fou birkie:
- Fir there wis naethin else athort the universe
That wis worth daein!

1984

DENMARK

Søren Kierkegaard, the 'faither o existentialism', tendit ti think in threes. His famous stages on life's wey – involvin the 'lowp o faith' frae ae stage ti the neist – are (reuchlie) translatit as the aesthetic, the ethical and the religious. Forby he maintained that the three gret European mythical archetypes were the Wanderin Jew, Don Juan / Giovanni and Faust.

KIERKEGAARD'S FAUST

Sae cool and witty in coort and boulevard,
Flittin frae leddy ti leddy wi mair style
Nor he ever fand i the wark o limner or bard
There wis aye that smit o soorness in his smile,

Then wanhope. Sae nae mair the lad apairt,
He mairched wi the thrang and cried fir the
    commonweill;
Whan they won (or thocht they'd won), athin his hairt
He speired: *Is this it aa?* – And tint his zeal,

Then wanhope. Nou he cam upon the choice
He'd jeedged unlikely fir a chiel wi harns:
He socht an awnswer frae whitever voice
Micht crack the ayebydin seelance o the starns.

Then wanhope. Nou he ettles fir ti balance
Three stages caught intil a mutual swither,
Fir whan he thinks at last ti see some challance
Concludit, it engenders aye anither.

1988

13

BELGIUM

'L'eau des anciens canaux': fir a gey lang time I hae been drawn ti the eldritch fiction and poetrie o the Belgian Symbolist Georges Rodenbach, best-kent fir his 1892 novel **Bruges-la-morte**. *I first lairned aboot him via the atmospheric portrait (in pastels) bi Lucien Lévy-Dhurmer, wha picters the scriever agin a backgrun o a gloamin-fu, haar-happit Brugge / Bruges. Braw stuff.*

WATTER O THE AULD CANALS

Frae the French o Georges Rodenbach

Watter o the auld canals, gaun dowie and donnert,
Sae dreich, i the mids o deid touns, alang the dykes
Buskit wi trees and corbie-steps, raw efter raw
Scarce tracit i this puir watter,
Watter sae auld-like and mauchtless: watter sae peelie-
    wallie,
Wi nae mair smeddum ti set agin the souch
That runkles it sair ... Ach! But this waefu watter
Gangs greetin unner the bleck brigs, and maks mane
Fir the shaddas it maun cairry – watter richt liege,
Ti whilk thir images are an unmuivin fraucht.
Yit, weirin on and on, at the skimmerin face
It tynes its reflections, as we wad tyne remembrance,
And taigles thaim ti haizie miragies.
Watter sae doolie that you'd cry it mortal,
Whit fir sae sterk, aareadies dwyned ti nocht;
Whit fir thae dwams and dreams that turn sae wairsh;
- Nae ti be mair nor a fauselike gless o frost
Whaur the müne hersel is fasht ti be alive?

1986

BELGIUM

I attendit the European Poetry Festival in November 1987, as a delegate frae the Scottish Poetry Library. It wis there that I made sic life-lang friens (and brither-makars) as Gabriel Fitzmaurice o Ireland and Győző Ferencz o Hungary.

LEUVEN EUROPA

Fir my confrères at the umwhile European Poetry Festival,
Leuven and Louvain-la-Neuve, Belgium

1

Touers o a lang-steidit toun,
Touers brunt and bombed within thir hunner year,
Twice in thirty; sic masonrie cowpin doun
On the causey-stanes. The aichoes you cuid hear

No that lang syne, i the warsle o the leids
Focht oot i thir vennels: a weir o muckle less blude
Tho muckle blude o the speirit. Thir veins are ower nerra
Fir the cells ti flist wi ilk ither. Raither a flude,

A flude that teirs up nocht, but maks mair growthie
The toun, the flet launds, ti the lave o the continent
Frae whilk we hae gaithered; gaithered, ti shak hauns
And mell oor leids thegither. Leuven, you kent

Whit ettles ti coonter whit your touers hae tholed,
Your wrack, and Europe's. Ti lecter, ti recite,
Ti fill your howffs wi the sang o glen and sierra:
- Poetries o Europe, and o the warld, unite.

Whit ettles ti coonter Léopold's Congo-reivin,
Lik your son, Damiaan, wha wrocht at Molokai,
Heezin the lippers even as he fell;
A son o Embro fendit him braisantlie

Agin the wheengin o a bieldit bigotrie;
Sae in some later non-dimensional creed
That wizzens the warld in itsel, you, Leuven, mak blume
This furthie flouer, this myriat makarheid.

The mony i the ane, the ane i the mony,
The unity that oppones the uniform;
The recreatin o whit wis aince creatit,
Lest its waywart will suid set ti a nochtless norm.

An Irish makar tells o a ben in Kerry
Whaur the ego can be tint: a wilderness
Whaur the pad's mair cleir nor a hotterin boulevard,
And we jyne the fowk the mair throu a laneliness.

Incaain MacDiarmid, a Greek tells o the verse
That dells unseen: I think o the sudden spurt
O a datchie wal, new-lowsit throu the syle,
That redds oor consciousness o hirst and clart.

Gaelic, Scots, Sami; Catalan, Basque, Gallego,
Alsatian, speak throu seelance. Frae Budapaist
The doolie lauch o the deep: a perfervid ingine
Brusts oot o the desperate ironie o the Aist.

Sae a walin o Europe bydes in this Belgian toun
Fir a pickle o days: as we blether ower oor yill,
A lyrist frae Oslo pynts ti a map on the waa –
Oor launds cuid aa fit weill inside Brazil.

Leuven Europa, Europa juist as smaa,
As the foontain-figure bi your Grote Markt
O a bairn wi his buik; lik your touers, lat the empires faa,
Daunce oot oor labour, pley at whit we've warked.

1988

FRANCE

Rimbaud wis the bad boy o late nineteenth-centurie French poetrie. He gien up scrievin at the age o nineteen, efter glorious bouts o weird lyricism, proto-surrealism and adolescent stroppiness. Charleville, i the north o France, wis the toun o's birth.

OOR BURGH

Frae the French o Arthur Rimbaud

À la Musique; Place de la Gare, à Charleville (1870)

See thon toun-hoose o oors: see its wee bit greens
That snod, that douce, wi aa thae shrubs and flouers;
See the wheezlin bylie-bodie: smell the sweit that poors
Oot o hissel and his foregaitherin friens.

The bress-baund wi its pot-pourri
Frae *The Soond o Music* fair dunts your lug;
The toun gigolo's leukin unco smug
Sittin on the Tory weedow-wumman's knee.

Sweetie-wifes tut whenever there's a bum-note;
High heid yins wi their bausy weemenfowk
Souk up ti ilka toffee-nebbit gowk
Whase siller gangs the same gate as his vote.

The lodge, the mafia, nane o thaim wad miss
The chaunce ti dae some troke upon the side;
Backhaunders? Fiddles? Enterprise, it's cried.
You'll catch their bit collogue: 'I'll tell ye this …!'

Wan creeshie craitur spreids his erse ajee;
The bink fair creaks as he gangs bummin on:
'This foreign stuff I've got'll mak a bomb –
Slipped it through customs wi my duty-free!'

A gang o neds leuks on and taks the piss.
As 'Edelweiss' is puked oot bi the baund,
Some safties tak their lassies bi the haund,
Offer a rose in excheenge fir a kiss.

You'll no catch me at siclike sappiness!
Ahent thae trees, there's hecht o houghmagandie;
Never a want o birds baith ripe and randy,
You see it in their een – and hou they dress.

I dinna say a word. Frae aff their skin
A mix o sweit and scent gies me the hots.
I hope ti Christ they winna mind my spots;
I'll chat thaim up a while – then get stuck in.

1990

FRANCE

Here's Rimbaud again, haein a go at Charleville's librarians, wha refused ti lat him consult buiks on sex and socialism. The French title is 'Les assis'.

THE ERSEBOOND

Frae the French o Arthur Rimbaud

Plookie and pockie, foustie roond the een,
Their wrattie fingers cleeked intil their hochs;
Wi doobtsome scruif their harnpans are owergien
Like the cankert growthieness on cowpit brochs.

Ilk rickle o banes has shagged his-sel intil
The muckle mirkie skelet o his chair;
Aa day, aa nicht, it's fuitsie-fuitsie thrills
Wi wuiden baurs that shoogle ower the flair.

The auld cunts hae aye been plaitit wi their saits;
In simmer drouth, their flype turns calico;
Or else they're chitterin, like sairie taeds,
Govin at the winnock at the glushie snaw.

- And their saits aye sair thaim weill, like, shitey-broon,
The strae yields ti their hurdies' ilka sklent;
Spreit o the auncient sun lichts up, that's boond
In braids whaur there's the corn ti ferment.

And the erseboond, knees at teeth, green pianists,
Ten fingers bangin on aneath their sait;
Tempo di barca, largo e mesto, juist,
- Their heids keep time, near ti ejaculate.

Dinna steir thaim up, or else they're sunk!
Like skelpit baudrons, gurlin, apenin slaw
Their shouthers, feemin, fizzin, spairgin spunk –
Their hainches swall, their breeks fuff oot anaa.

You hear thaim dunt, thae baldy heidbangeers,
Their pows agin bleck waas; wi unco clack
They ramp their feet; the buttons that they weirs
Are beasties' een that keek oot frae the stack!

They can pley, forby, the invisible haund that kills:
Atween their winkers, seeps thon hellish bree
That, whan you leather your bitch, her look distils:
And you sweit, trapped in a cundie till you dee.

Eerseboond again, their nieves encuffed in clert;
Joe Public's interruptions are fair cussed;
Their chinless cholls aye bobbin loose, - frae stert
O day till gloamin – tremmlin fit ti brust.

Whan their winkers faa intil a dour-like sloom,
They dover in their sexy saits' enbrace;
Wee dollyburds o chairs, reenged roond the room,
Encirclin desks you'd think looked on po-faced.

Ilk blume o ink draps comma-shapes o pollen,
Hushies ilk erseboond in his bit flouer-cup
Like the adder-bell in flicht throu gladiolie
- And the ickers gar thae auld boys' pricks swall up.

1991

FRANCE

I spent the first hauf o 1993 in France, as maître de conférences (invité) at the Université Stendhal at Grenoble. Whit ane braw job title: souns better nor 'visiting lecturer'. I taught a postgrad coorse in Scot lit ti an élite group o fower students. Towart the end o my stint I stravaiged the airts around Marseille and Nice (whaur I saw the sel-portrait o Marie Bashkirtseff, though I didna ken then that I'd be scrievin a novel aboot her). At Cassis, I checked oot the haunts o the penters wha we cry the 'Scottish Colourists'.

THE COLOURIST

It wis the licht he desired:
The mellin pinks o the stane,
At Cassis, that myndit him o Mull;
But here wis flesh upon the bane,
And by unglowerin gods sae fired
That he lauched aff the hamewart pull.

A luve-bed in his studio
Celebrates auldest alliance:
A winnock apen ti the sea
Lats in the Mediterranean dance
O air and virr and the echo
O aa that Scotland's yit ti be.

1999

SPAIN

'*Éstas que fueron pompa y alegría*': Calderón is the gret seeventeenth-centurie Spanish dramatist; he's less weill-kent fir his sonnets. Mebbe this yin relates ti his play La vida es sueño *(Life is a Dream)*, though it appears in anither ane: El principe Constante *(The Constant Prince)*.

SONNET

Frae the Spanish o Pedro Calderón de la Barca

Thae that were aa decorement and delicht,
Waukenin radiant at the dawin-oor:
By gloamin, they sall pitifullie cour
Intil the airms o the bare and bieldless nicht.
This mell o colours, prood abüne the hicht,
Watergaw straiked wi gowd, snaw, blude, atour:
This yit sall faa a wairnin, fell and dour.
In but ae day, hou muckle pruives its micht!
The roses o the mornin blumed frae the mud,
Blumed but ti sink back doun, and tyne their flouers:
Their cradle and their lair lay in a bud.
Sae fowk hae fund o their fortouns, nocht endures;
In but ae day, they were born, then speirited;
Fir the hunneryears that passed, were anerlie oors.

1988

27

ITALY

'Non ha l'ottimo artista alcun concetto': this Michelangelo sonnet is the classic insicht o the poet-as-sculptor. My Scots version appeared in an Italian magazine lang afore it appeared in a Scottish ane!

SONNET

Frae the Italian o Michelangelo Buonarroti

The skeelie makar cairries nae conceait
Baur that conteened aareadies i the stane;
The winnin o the maik is warked alane
Bi the haund that on the harns is fain ti wait.
Ill that I flee frae, guid that I intrait,
Are dern in you, licht leddy, heichest ane
O the heivens; and my life is mair like nane,
As ert gangs contrair ti the gainest gate.
Sae luve, and your ain fairheid, I am laith
Ti faut; nor dourness, fortoun, nor disdene,
Nor weird, can be accusit o my skaith,
Gin that your hert bears daith and peety baith,
And that my gallus ingine is ower mean
Ti win frae you, my leddy, ocht but daith.

1990

ITALY

TWA POEMS ON THE COMMEDIA DELL' ARTE:

Thir twa pieces belang thegither and require a mini-essay ti pit thaim in some context, here presentit as an extendit postscript, forby a few notes. I took a gey lang gate ti win at thir poems, via Kraków and (abüne aa) Bergamo, whilk I visitit follaein my gigs at the Faenza Folk Festival. I gaed back ti Bergamo sax year later, in 1996, ti gie a lecture at the Uni on Robert Louis Stevenson, himsel a straggler athort the European north / sooth divide.

Laughter, when out of place, mistimed, or bursting forth from a disordered state of feeling, may be the most terrible modulation of the human voice. The laughter of one asleep, even if it be a little child,– the madman's laugh, – the wild, screaming laugh of a born idiot, – are sounds that we sometimes tremble to hear, and would always willingly forget. Poets have imagined no utterance of fiends or hobgoblins so fearfully appropriate as a laugh.

NATHANIEL HAWTHORNE,
'Ethan Brand', 1851

Colour is the appearance of life revealing itself out of the spirit (red – yellow) – that becomes fully apparent in green – releases itself – and through death (blue) returns to the spirit – lilac - …

RUDOLF STEINER,
'Notebook', 1921

It may be remarked in passing that Harlequin is an ancient chthonic god.

CARL JUNG, 'Picasso', 1932

30

1. ARLECCHINO IRONICOMALINCONICO

Maisters, maistresses, reverends, doctours, punters,
Ilkane o you that's reenged aroond this space:
I'm curious mair o you, nor you o me –
Whilk ane's the mask, I speir, and whilk the face?

See, here's a gairden I hae vandalised:
Blumes for you aa! Here, freend, and you, sir, tak!
Fir *you*, bonny pair, I've plucked a bálderry:
(Caa canny; hit's an aphrodisiac).

- Nou wheesht, dear folk: nature has colours mair
O flouers, or the fedders o a pápingo,
Nor I in my fancy-duds. Here is my tale,
Syne first I daundered faur frae Bergamo.

> A scriever-lawd frae Danmark
>   Within his buik set doun
> O hou a deidly smit
>   Tyrannitised oor toun.

> Kindness wis smoorit oot,
>   And thae wha didna faa
> Tramped ower the bings o bodies
>   Ti rise abüne thaim aa.

> There cam a walk o pilgrames
>   Athort the reekin plain,
> Up and ayont the burgh port:
>   They sang nocht, and spoke nane.

They haud weill forrit up the wynds;
    Oor fozie fowk, frae the mirk
O bevvy-stool and bordel-bed,
    Follae thaim ti the kirk.

 Frae fortalice ti ootleuk touer
    Oor citizens are laith
Ti walcome siclike holy-joes
    But geck thaim fir their faith.

- Yit here's the heid-yin o thae monks:
    His een are sunken and reid;
His pilgrames lay their banners by,
    And their whips that gart thaim bleed.

The sinners wheesht afore the sancts:
    The monk bi the altar stauns:
As if in benedictioun
    He raxes up his hauns.

'Nae Son o God on Calvarie
    Bade lang upon that Cross:
Mad at man's taunts, he tore up free:
    NAE JESUS DEED FIR US!'

Oor fowk hae fauts, but winna thole
    Sic blasphematioun;
They langed ti nab thon skrankie monk
    Fir crucifixioun.

- Yit the monk juist leuks and lauchs;
    He taks his gate again,
And leads his pilgrames throu the crood
    As the sun sinks on the plain.

Here am I, fowk, a loun come frae the glens
I' the borderlaund o Europe's north and sooth:
Celts, Teutons, Slavs, ayont my city's bens;
Ablow, the continent's ayebydin youth.

I am come ti kest my leams upon your tears,
Throu kinriks tint in haar and history;
A prism throu a prison: facetit gless,
Whaur yit you see yoursel in unity.

Refract, reflect: gin that a single hue
Detain your ee, excludin ony ither –
Pictur my clouts, as they were shadit new,
Seamlessly woven, various but thegither …

1990

2. THE ANGEL O DUENDE

Birkilie throu his mirligo
He spins intil his pirlicue,
Arlecchino o Bergamo.

Fore-efter-kin o Cyrano
C'est son panache, wha tint his jo;
Ironicomalinconico.

Yit wanderin throu history
Merks Arlecchino's tragedy
As mair nor ane o lemanry.

The mask hides but the gantin mou
O a cavern echoin throu and throu:
Dante and Munch hae limned it true.

33

Goethe, alsweill, whase wanderer speirs
The Mithers' kinrik: mithers' tears
Throu mithers' mirk nane sees, but hears:
    mameloschen.

Thon flow that kests up skin and bane
A later Faust wad aye in vain
Ettle ti steek thegither again.

Yit Arlecchino's here ti blint
The daurkness whaur the threid wis tint
O the European labyrint.

Lourdness ti licht, this avatar
Spins up ti hame (the hicht wad gar
Maist o's tak the funicular).

Fir aa his years, he bydes aye young
Wha's daunced aa airts, wha's glegly sung
In mair nor his ain mither tongue,
    mameloschen.

Wha taks the road ti Meikle Seggie
Thon road that's endlessly zig-zeggie
Will shairly come upon his geggie.

Aa that's molto grottesco
Forby is arlecchinissimo,
And maks retour ti Bergamo.

He spangs ower alp and howe alike,
Skinkles his gate frae dome ti dyke,
This pauchtie gangrel, orra tike.

A spreckled baest, throu terraced haze,
Arrogant, emerant o gaze:
A baudrons in unplucked bouquets,

Familiar sprite o Arlecchin',
Twa keekin-glesses are its een,
That see mair thrawnly than they're seen.

Sic is oor leid, baith prood and tattie,
Gecked at bi litermafiosati:
We're the kitlins o this reuch-tongued cattie,
        mameloschen.

Nou city lands, coorts, vennels whirl,
Kaleidoscopically birl,
Aa fir the final daunce and dirl.

- Yit as the braid piazza clears
There's deil a body sees or hears
Whan Arlecchino disappears

Wi 's wine, his lute, his troupe … Joco
Nae mair's the muid o Bergamo.
A blae-black space o Picasso,

Eldritch, toom, theatre o the deid
Pleyed oot in ilkabody's heid
At the dwynin o the mither-leid,
        mameloschen.

1990

35

ITALY

A NOTE ON THE ARLECCHINO PHENOMENON

Durin the late 1980s and early 1990s I wis muckle taen up wi ideas anent theatre (and specifically, poetrie's possible place within theatre rather nor as text). I the spring o 1989, as pairt o an 'expedition' ti Poland organised bi the Richard Demarco Gallery, I visitit the Krakowian workplace o Tadeusz Kantor's Cricot 2 Theatre ('the theatre o daith'), whaur the action wad be pleyed bi mannequins or craiturs that were hauf mannequins, hauf human actors ('bio-objects').

Aroun this time, I had mony a collogue wi the composer Ronald Stevenson on the subjeck o the Italian *commedia dell' arte*, and in particular the figure o Arlecchino, wha (accordin ti tradition) originatit – wi his troupe – i the north Italian city o Bergamo. Follaein an insicht o Edward Gordon Craig, the scriever on theatre (and himsel an influence on Kantor), Ronald held that the Harlequin wis a spruced-up, 'sophisticatit' (sanitised?) version o Arlecchino. The latter's duds were reuchlie pit thegither oot o lozenge-shaped patches, or mendit wi sich, raither nor displayin the neat, regular diamond pattern we associate wi Harlequin.

Naetheless, the twa are often confused, and we'll cuid say that Picasso's Harlequin figures are haurdlie urban dandies, gien their melancholie aspect – in ither words, they're mair akin ti Arlecchino nor ti Harlequin. (Ithers, less sympathetic ti Picasso, will differ on this pynt.)

Yit Arlecchino is a craitur o diverse muids, as gleg ti lauchter as ti dool: the twa are relatit. Bergamo straddles the border atween northern and southern Europe – on the ae side, there's the fuithills o the Alps; on the ither, ye see afore

36

ye the plain o Lombardy. Arlecchino has a Mediterranean lichtness aboot him – lichtness as opponed ti baith mirk and lourdness. Ronald Stevenson's main reference pynt is the marionette-opera *Arlecchino* (1917) bi Ferruccio Busoni, on whilk Italo-German composer-philosopher Ronald is ane o the warld's leadin authorities. Marionettes: there ye hae a link wi the Craig / Kantor theatre. The yuise o puppet-like figures (or puppet-like human actors) distances the spectator frae the surface realitie in order ti win at a deeper realitie. In the bleak twentieth century, man cheenges place wi the inanimate objeck; thereby, ye hae *alienation* in baith the Marxian and Brechtian senses.

It seemed ti me that, insaefaur as Arlecchino's claes were 'motley', polychromatic raither nor the blae-bleck-broun o the Kantorian theatre o daith, that he cuid be taen as a symbol o Hugh MacDiarmid's 'myriad-mindedness', the diversitie-in-unitie / unitie-in-diversitie o whilk thon makar screivit. This wis borne oot faurer (ti me at ony rate) in my readin o John Berger, wha in his buik *Success and Failure of Picasso* discusses Cubism, wi whilk the airly Picasso wis associatit. Berger sees Cubism as dialectical, 'as an art entirely concerned with interaction'. Indeed, Cubism is the art o the multi-facetit, o the hale o a scene bein observit frae a multiplicitie o pynts o view. Stillness can, thereby, represent muivement; twa dimensions can represent three – or mair –

I felt the mair that I wis on ti somethin whan the Scottish makar Tessa Ransford gien me a copie o her conference paper delivered at the Universitie o Tübingen. Here she ootlined the mathematical concept o latticing, 'which gives a layered, multidimensional ordering of events or elements. Lattices are a graphic demonstration of the quantum postulate that there is always at least one alternative between every this and every that. They are like flow-charts, based on the uncertainty principle.' Lattices, lozenges: aa verra Arlecchinesque.

Forby, 'carnival' is ane feature o Italy and ither Latin kintras, and bears obvious kinship ti commedia dell' arte, especiallie i the yuise o masks. Carnival transforms its participants inti their opposites, and can be transgressive whanever the tink taks on the character o the toff. Carnival biggs 'a second world and a second life outside officialdom' (Mikhail Bakhtin, *Rabelais and His World*).

The ballant within 'Arlecchino Ironicomalinconico' is ane free paraphrase o Jens Peter Jacobsen's short storie 'Pesten i Bergamo' ('The Plague i Bergamo').

'The Road to Meikle Seggie' is the Italo-Scot Richard Demarco's symbol fir creative pilgramage (Meikle Seggie is a clachan atween the Lomond and Ochil Hills, near Milnathort). On that road ye maun expeck the unexpeckit; the quality o the journey is aa-important (see Robert Louis Stevenson: 'To travel hopefully is a better thing than to arrive').

GERMANY

The neist poem is a tale frae the Rheinland, but versions o't can be fund in Scottish tradition.

THE LEGEND O THE LEDDY RICHMODIS

Whan oor leddy Richmodis deed o the pest,
   Her lord fair went his dinger;
'Come, lay my bonnie bride ti rest,
   Wi my waddin ring aye on her finger.'

Tam the grave-howker spies the gowd
   (Puir sowel, his duds were manky),
Chaps aff the finger, pits by the shroud,
   And withoot a 'please' or 'thank ye'
   Wraps the bleedin chunk in his snottery hanky.

'Guidsakes!' cries Tam. 'The leddy awakes!'
   He draps the ring in fleein.
'I'm sair,' groans the leddy, 'I'll tak nae mair –
   Lat somewan else dae aa this deein.'

Sae her lord streetched oot oor Tam insteid.
   The leddy – nae word o a lee –
Seeven braw bairns gaed on ti breed,
   And their fingers numbered saxty-three.

2003

GERMANY

Aroun the time I wis gien a lecture at the Universitie o Mainz, my host Dr Anette Degott-Reinhardt tuik me on a walkaboot i the city. Up the brae frae the dountoun area, we cam ti whaur the gret Jewish artist Chagall, late in life, had contributit ti the restoration o a kirk that had been hit durin an attack by the Allies in Warld War 2.

THE CHAGALL WINNOCKS IN
SANCT STEPHEN'S KIRK, MAINZ

A gantin shell o stane:
Thirty year efter the bombs,
Transformed bi Marc Chagall
Lauchin throu his lang years:
A Levantine chronicle,
The humour o a pictur-buik:
A chiel upon a camel
A wumman wi her joug,
And there, forenent the well,
Enhaloed bi leaves and domes
Izaak and his Rebekka
Enjoy their tête-à-tête.
The kirk's upon a brou
That slopes doun ti the Rhein:
Ower there, the sun maks wey,
Braks the Germanic haar,
Sheens leamin throu stained-gless
That the maister's dominant blues
Are the warmest o aa hues.

1991

GERMANY

Nou we come ti twa pieces efter the popular nineteenth-centurie humourist Wilhelm Busch. He's best kent fir the verse tale Max und Moritz, *aboot twa bad wee lawdies wha arrive at ane raither nasty come-uppance. It was brawlie transcreatit inti Scots, as* Dod and Davie, *bi the late J.K. Annand.*

THE SPEIRITS

Frae the German o Wilhelm Busch

The ferryman lay in his boat
   Lulled bi the münelicht:
There came a cry, a whistlin note,
   But naethin met his sicht.

It seemed a hunder folk combined
   Ti wecht the vessel sair:
Quick, boatman, tak us ower the Rhein:
   Ye'll no want fir yer fare.

And when his duty he had düne,
   He heard the planks fair ring
Wi gowden pieces there kest doun
   Bi ilka ghaistly thing.

Whoosh: they were gane. The boatie sways:
   Oor man staunds there in wonder.
Sae speirits byde abüne oor gaze,
   And muckle mair byde under.

2008

GERMANY

FABLE O THE BIRD, THE CAT AND THE PIBROCH

Frae the German o Wilhelm Busch

A bird's got stuck upon the lime,
And flaps, but cannae flee in time.
A black cat comes upon the scene,
Wi sharpened claws and leamin een.
Up the tree wi feline zeal,
He'll no tak lang ti nab his meal.

The bird thinks: 'Weill, I've had ma chips;
Thon baest spells murther on his lips.
But I've the pipes within ma breist,
I'll pley ma ain Lament, at least.
It's ma last gig.' See thon wee bird?
He'd a braw sense o the absurd.

2008

SWITZERLAND

Efter I gien a lecture at the Universitie o Tübingen, I tuik the day aff at Schaffhausen. It wis my first visit ti Switzerland efter a gap o twenty-fower year, and that wis whit made it extra special. As a bairn I had mairvelled at hou muckle Mount Pilatus wis, and hou wee I wis. Years later, the Alps didna seem ti hae shrunk ony.

SCHAFFHAUSEN SATORI

30 November 1990

I am as it were centred here,
Tho I kenna richtly whit I'm centred in
- Hurlin sooth throu the last launds o the north,
Tween the soorces o the Danube and the Rhein.

I'm juist ane o the ilkaday stravaigers
Hauf doun the line frae Frankfurt ti Milan;
An ego closed and turned intil itsel,
The matrix in unendin dissolution,

Second efter second, quicker nor I can cleek
- Til the train stops, gies me ower, then breenges on;
Second efter second merks tick efter tick:
The station clock? Even time conforms ti thon!

And i the platz, the foontain's like ti jaup
Untenty as the bairns that bab and birl
On the cuddies o the kitschy carousel:
As gin aathin gaed roond o itsel.

Matterhorn, statue o Tell, Reuss watter-touer –
Aa pentit on this spinnin kinderspiel:
Ben Nevis, Wallace monument, man o Hoy –
Same axis, different wheel?

I'm myndit sudden hou aince at Embro Uni,
Assistin in the music-bibliothek
I addressed an envelope ti an Austrian Jew,
An airlier darger there, saved frae the trucks

47

That had ither destinations. In a box
Fir a puckle francs, I find a shop-syled disc:
A Viennese piece, pre-war, bi young Hans Gál,
Lately deid i the Scottish capital.

Ti Munot's ramparts uprises the souch
O an intricate coonterpynt in Schwytzerdütsch;
Boats frae Konstanz cry in at the quay:
Passage ti mair nor Switzerland fir me

Alang the still-visible chuckies i the watter
As if Lisztian fingers struck the ripples throu
Soonds clear and coruscatin inti my lourdieness,
And my years o pilgramage came back anew.

Then maestro Rhein dunners intil the bass
Ostinato agin the craigs; the river flists
Ti fragments, jynes in faem, and gurges furth –
Geography like history twists

Ayont aa pouer save theirs wha can transcribe
This scene, as Ruskin and Turner baith,
Frae alp ti glen: here wis their luve and dreid,
As they limned on earth 'the waas o sacrit Daith'.

Daith cried oot fir a bairn upon the brig,
As his leg slipped throu and dangled ower the linn:
Carl Jung, the meenister's lawdie, held at the last –
He'd wander an abyss that he cuid win.

I wander up the brae whaur Switzerland
Meets Germany: the ferm-hoose and the barn
On either side. The sign GRENZÜBERGANG
Tilts easy-osy, spattered bi the sharn.

Savour the stink whan you survey the parks
That cross and uncross nations. The ferm-cat
Passes afore me, naethin ti declare;
I hail her, tak aff my hat

Ti the nonchalant stravaiger I wad be.
The brichtly-pentit post at the douane
Proclaims that here sterts Europe: come and jyne
The fun – gin that ye want ti, like, and can.

Sanct Andra's Day gangs doun wi the winter sun
As nae-man's warld forgets ti jyne the fun.
The cat meows, gin she canna purr:
I wave fareweill ti Europe and ti her.

1990-91

SWITZERLAND

'Il salip e la furmia': in the coorse o a resairch projeck on Swiss poetrie and engravin, fundit bi a grant frae Embro College o Art, I cam across this fable. I hae mucked aboot wi it, though, and tak fu responsibilitie fir onythin ootrageous.

THE EMMICK AND THE GRESSLOWPER

Frae a Swiss-Romansch folk ballant

There wis ane Maister Lowp-the-Gress
Wha tuik ti winchin Maistress Emmick;
Ilkane the ither socht ti impress,
For insects, tae, are biochemic.

  Zm zm: zm zm

The emmick – she's a fly yin, thon –
Speirs the gress-lowper, 'Will ye wad me?'
'Ay! Whit fir no?' is his repone,
'I'm a fine figure o a lad, me.'

  Zm zm: zm zm

Thon posh hotel upon the ben
Bids walcome: but thon's no the hale o't –
Gresslowper lowps ower faur, and then!
Upon the thristle he's impalit.

  Zm zm: zm zm

Ye suid hae heard her cairry on!
The sair mishanter had fair shocked her.
She's ower the loch, and or the dawn
She'll fetch some big braw insect-Doctor.

  Zm zm: zm zm

It wis the April she set oot –
She wisnae back ontil December.

Her Doctor bizzed thon corp aboot
That Fate sae sairly cuid dismember.

Zm zm: zm zm

And that wis it: Fate, naethin mair,
Wis this great Doctor's diagnosis.
Oor emmick grat, 'It isnae fair,
I'm aa my lane; hou haurd my loss is.'

Zm zm: zm zm

'A weedow, but young lass forby!
Nae mair this weary warld I'd crawl …' Och,
Lat's end her story on a high,
I' the airms o Doctor Horniegoloch.

Zm zm: zm zm

2001

.

SWITZERLAND

Whether or no Swiss-Romansch is considered ane o the warld's 'endangered languages', there's a considerable literature i the leid. Bi acts o transcreation, scrievers in Scots can express their solidaritie.

TAMANGUR

Freely adaptit frae the Swiss-Romansch o Peider Lansel

Leuk ti the wuid abüne the upper wuids
That seem ti guaird fower coonties, whilk in turn
Guaird naethin but theirsels: leuk up, whaur bruids
A clump o trees, aye vieve, but wi the burn
    O the heretic's stake upon thaim: auncient, dour,
    Bydes on this forest, cried Tamangur.

Tamangur: that throu the centuries syne –
Millennia – spreid furthilie ower the bens;
There, the yince-worshipped rock bi nae design
O its godheid, nou looms bare; while the reeshlin glens
    Throu snaw and lichtnin, year upon year endure
    Quietly peysoned. Daith-green Tamangur!

Words slip frae tongues in final utteraunce
Ti a heap o inkie merks that nane can read.
A Cyclopean stane in avalanche
Crushin the single store-hoose o the leid,
    Wad match quick mercy ti its sichtless pouer –
    Gin that were grantit ti oor Tamangur!

Thir pines are sodgers, fendin their redoobt,
That were oor kinrik's honest seneschals;
But an unseen fae's scowked up and taen thaim oot,
And an unco drow, swurlin its tentacles,
    Enfaulds the craigs that heeze up frae the muir:
    Fit lairstanes fir the deid o Tamangur.

Slaw and siccar's the rack o the tapmaist shaw
That oor forefowk sang in ballants and chronicles;
Slaw and siccar, the sentinels wha faa
Unmurned, in launds bereft o meeracles;
    Ablow, we sleep, accept wan culture fewer,
    In passive sacrifice o Tamangur.

2002

AUSTRIA

Dr Prüger is an eydent scholar and transcreator o the poetrie o William Soutar, forby ither Scots makars. In 2003 she and I made a presentation on poetic transcreation i the English Depairtment o the Universitie o Vienna.

FIR MY CAT

Frae the German o Heidelinde Prüger

At the tash o bleck ink
on the twa-hunner and twenty-eicht o three-hunner
                         yallowin pages
dwynes the flow o my readin

Fir the lenth o a glisk
I am at hame
in your fur
in Afrikie

Like blude
wals the reid o the sun
and cools the brou
o the laund gloamin-fu

Laund o my cat's fur

Does my glisk mak ye rise
But hoo lang
disna steir ye
My time
disna thrab frae your breist
Twa pages frae the end
are no your end

My luved anes are no yours
The name that I cry ti ye nichts
cuid as weill no be your name ava
Gin I cried efter mysel
you'd come rinnin

57

Gin your fur wis Afrikie's eenin-licht
you wad lick it cool sheenin curlin
like milk
ontil it ebbed
Aiblins alsweill
an Eternitie
langer

2002

HUNGARY

Endre Ady wis ane o the twa maist prominent makars associatit wi Hungarian modernism. Like his composer friens Bartók and Kodály (wha made sang settins o his poems) he synthesised the 'traditional' wi the 'new'.

THE LEGEND O THE LEDDY MARGRET

Frae the Hungarian o Endre Ady

The lang island in the river
    Yieldit ti me its saft-toned secret:
The king kest inti the cloister there
    His dochter, the virgin Margret.

A lassie o dreams and muffled screams:
    A sweary-word wad gar her faint.
Thir lords that rampaged through the coort
    Were nae fit company fir a saint.

She socht her lover frae oot West,
    No the rough type wi hairy erse;
He'd be a peelie-wallie lad,
    And greet while singin his ain verse.

She waitit sair: it grupped her hairt.
    There came brave horsemen, coorse in jest,
Gallopin richt inti the haa,
    But no her lang-expectit guest.

He wadna wander bi thon shore:
    His rhymes and kisses she'd ken never.
She deed, a sacrifice ti Christ,
    On the lang island in the river.

2006

HUNGARY

Dr Győző Ferencz has been ane o my maist valued friens and colleagues syne we met in Leuven in 1987, at a time whan the Kádár régime in Hungary wis in an advanced state o decay. We didna ken then that we'd be able ti meet again, in Scotland and Hungary, ti wark thegither on mony literarie and cultural projecks. I wis visitin prof in Scottish literature and culture at the Universitie o Budapest (ELTE) ower the first hauf o 2006.

Győző (b. 1954) is ane o the maist kenspeckle Hungarian makars o his generation.

MINORITY STATUS

Frae the Hungarian o Győző Ferencz

Lookit roond and didnae find it

I byde ayont my mairches: I maun sairve
An empire and a folk that's no my kind.
   I dinna ken their leid, forby their weys
     Scunner me. My schulin disnae bind

Mysel ti their tradeition. I'm no kneelin
Ti their gods, I dinnae keep their Sabbaths either.
   Their law's a kirkyaird o deid prose. I'm tint
     In the tousie wab o systems. As fir siller,

It's its ain law and logic apairt frae trade.
Vertue's nae mair nor the unco-guid bangin on.
   Shair, I'm officiallie o 'fixed abode'
     But I canna faddom hou I reached this laund.

No fleein unner a pile o manky claes
In the back o a lorry; I've no been nabbed at the border;
   Naewhaur ti send me back, nane here ti claim me;
     My passport and my papers are in order.

I can bugger-aff whan it suits me, fir a cheenge
O air; there's mebbe opportunitie
   In anither airt like this or near eneuch;
     I cuid tak on dual nationalitie

No ti return, like, cept fir a brek.
But ach! I'll no cuid cross my ain frontiers,
   I'll never see my unmapped territour
     I'd stertit frae, and ettled at fir years.

It's sneckit fast ti me fir aye. My thocht
Cannae caa up its sun, its starns, its dreich terrains
   Frae green ti blae cheengin throu the haar,
     The toun's touers and causey-stanes.

I dinna ken whit zone it's in, if folk
Are bydin there. Nae pynt gin I wad seek
   Bein understuid bi thaim. Their deein leid
     Wad never be as my ain mither-speik.

My dreams tell naethin that can be decodit.
Gin my warld mirkens, and I faa in the streets,
   No god himsel wad ken my passport photie
     Taped and washed in the back-pouch o my breeks.

And while my sark's oot dryin on the line
Forenent the unlozened windae, shair eneuch
   I lie bare-scuddie on my metal bunk
     Govin at the fag-ends gobbed up at the roof.

2004

POLAND

Mickiewicz is the 'national makar' o Poland. There's a statue o him i the Mercat Square (Rynek Główny) o Kraków. I first performed this version o 'Czaty' at an event i the Palace o Śmiełów, aist o Poznań. This hoose has strang associations wi Mickiewicz, and whan I wis there i May 1989 the gairden wis still true ti its description in his epic poem Pan Tadeusz. I owe special thanks ti the Poles and Slavists, in Scotland and in Poland, wha helped me ti pit thegither the transcreation and ti mak it public.

THE LYART LAIRD

Frae the Polish o Adam Mickiewicz

The laird rins up frae bouer ti touer
    Pechin and tremmlin sair:
He harls the curtain o the bed –
    His young bride bydesna there.

He twynes a straun o his lyart baird
    And glowers ti the groun;
His thochts are daurk as they are deep
    Whan he cries fir his sairvant loun.

'Hei, skellum, why stauns nae dug nor man
    On guaird bi the orchard yett?
Fesh me my bag o the brockie's hide,
    And twa guns, withoutin let.'

They draw in dern up ti the hedge
    That girds the arbour roun;
They spy a whiteness throu the mirk –
    A leddy in her goun.

Her ae haun's happin her een wi her hair
    And her breist wi her mantie's bord;
Her ither haun's haudin aff frae her lap
    The airms o a kneelin lawd.

He presses forrit ti her knees:
    'My luve, you leave me nocht;
Your ilka souch, your airms' enbrace
    The lyart laird has bocht.

'It's I hae luved you lang and sair,
    And aye my hert's ableeze –
He's won you wi his wheengin weys
    And his bagfou o bawbees.

'It's ilka nicht he'll sink him doun
    Ti your souple body there,
And he sall pree frae your cramasie lips
    Whit I sall pree nae mair.

'It's I hae rade throu skirl and skail
    As the cauld müne kests her licht;
Fir nocht cuid keep your leman lawd
    Frae biddin this lest guidnicht.'

Frae aa his whusperins and mair
    She turned awa her face,
Begood ti greet: then, in a dwam,
    She fell ti his enbrace.

Nou laird and sairvant hae bade lang
    Sae hidlins and sae near:
This nicht sall see anither tryst
    As they graith their deidlie gear.

'O maister, I am sudden crazed,
    That I canna kill thon quean;
My verra gun is in the grup
    O my fivver and my pyne.'

'You wratch, I'll learn you hou ti greet!
    Lade this wappen here, and then –
Aither blaw oot the harns o that hüre
    Or else blaw oot your ain.

'Byde anerlie fir my shot ti tell
    Hou her paramour has fared ...'
But the sairvant chiel bade nocht ava
    And fired – at the heid o the laird.

1987

POLAND

The Scottish historian and journalist Neal Ascherson is a leadin authoritie on Poland. I hae lairned muckle frae his buiks. The drama o history can fair kittle up a makar's imagination, and I wis drawn ti twa key years in post-war Poland's lang struggles. December 1970 wis whan West German Chancellor Willy Brandt cam ti Warsaw and famouslie knelt at the Ghetto Memorial. At the time, he signed a treatie wi the Polish government, recognisin the western border o Poland, i.e. the Oder-Neisse line. Later that month, though, the shipyaird warkers o Gdańsk rose up agin food price rises. The régime respondit bludilie, and in due coorse the authoritarian first secretar, Gomułka, wis deposed. Ten year later, the Gdańsk warkers rose again, on the tide o their new independent trade union, Solidarność, wi enormous results fir the future o the continent.

GDAŃSK DECEMBER

1970 : 1980

Whit sall mouten this snaw ti the neist page fir the scrievin?
Oot o a thon bleeze, thon blude, whit letters o reid?
This is the turnin time, this the dreid and the crave
That warsle athin you or you choose ti lowp;
Thon lang-waitit skolin in your benmaist chaumer,
An auld enmity eased, the airns cut at lest frae your corpus;
Equal-aqual fir unkent saucht ... or an unkent stound.

Whitever it pruive, your earn sall rax her weengs –
Aa her years ahent as afore, she yit brusts aa shells,
Aye young in her sair-testit smeddum: oor sister Poland,
Baetin slaw and dour, but braidlie skiffin and swoofin;
Wha bydesna fir spring, but daurs this winter's reek
O gas, o gun – lik a lassie preein the lips
O her airliest luver, as the year gangs harsk ti its daith.

1987

RUSSIA

Ye dinna gang ti Dostoyevsky's Crime and Punishment *fir awnswers: ye'll juist get mair questions. As fir the starter question concernin the murthers, it isnae 'Wha Done It?' but 'Why Did He Dae It?'*

RASKOLNIKOV

Kneel doun, she says, *upon the public square,*
And kiss the causey-stanes that aa fowk crosses,
Then tell thae fowk: 'I am a murtherer'.
- Fegs! Thon's the easy pairt: it's mair a challance
Ti up afore the hotchin thrang o the Haymairket
And tell thaim: *'I am a man juist, - like yoursels –*
Nae Napoleon, nae a neet – but this, a man.'

Ah, Sonya, you're richt – whit kinna man wis this,
Me, Rodion Romanovich Raskolnikov,
A thing o harns and nerves. Wis I a man,
That snirtled doun my neb at the fowk I'd 'save',
That racked my lug ti some haveril i the howff:
- Hei, coallege lawd, you, maister Raskauldnickov!
Ah'll tell ye ma feelawsophie o life.
Nou listen ti me – see's anither hauf –
Gin Ah were the heid-bummer, Ah'd dae this –
Gin I were a man, I'd hae got him up wi the ithers,
Ti sing and daunce oor wey ti Jerusalem.
Akh, there I gae: aa notions oot o buiks:
The ink frae a pen faas blude upon an aix,
Dings doun some grippy carline (then forby
Her daftie sister, there at the wrang time).
I thocht, thae seconds or she turned – and I struck –
The wey she streetched her airm oot fir the pledge,
She wis a spae-wife rather nor a pawnbroker
And gin I crossed her loof, she'd tell my weird.
My weird, aa richt! And, airlier, in my dwam
I'd glisked abüne her close, ti whaur her sign
Sweyed and creaked throu the stale and souchless air:
It seemed, three gowden globes o usury,
That hung frae a cauld and merciless baur o iron,

Melled throu the moch … becam the scales o juistice …
1Ae pan wis tremmlin sair agin the ither,
Raskolnikov wechtit agin Raskolnikov;
And the balance held bi a lass wi blinfauld een.
Sonya, were *you* that lass? Yit you, even you,
Cuidna haud me back: I wad dae wrang,
And I'm no that shair I wadna dae wrang again:
Dae I feel guilt that I dinna feel guilt eneuch?
Na: I feel guilt that I dinna feel guilt ava.

There is nae dream but dreid aye lours within it:
I bigg a city, free o reekin wynds
That scunner the corp and fankle up the speirit:
- The brig foonders atween me and the canal,
The railins snap and pynt their spikes at me.
I staund afore an image o mysel,
Here's the braw man, I think, *as he cuid be:*
- The gless slips frae my haund, stramashes, finds
Raskolnikov mair disjynit and deleerit.

There is nae dream but, somewhaur, fowk will dream it:
Come, Sonya, yont the blichtit birks and the snaw,
Come ower the ocean whaur aa kinriks dwyne
Ti rise as mulls and inches, human-pink,
The birthplace o the bairns o the sun.
The music o that archipelago
Is various as are its fruit and wine;
I bou and kiss its yird – and in a blink
I'm here my lane, the aix upon the grun.

Murtherer, dreamer, gangrel: thon's the hauf,
She'll aiblins say, *o the hale Raskolnikov.*

1991

UKRAINE

The Ukrainian penter Mariya Konstantinovna Baškirtseva wis the subjeck o my novel Marie B. *I didnae want ti leave it there, though, and my frienship wi composer-pianist Dmytro Morykit – hauf Ukrainian, hauf-Italian, and bydin in Embro – has encouraged me ti continue my lairnin-curve regairdin the culture o that kintra that yuised to be cried 'Little Russia'.*

SCHEHERAZADE

Frae the Ukrainian o Mykhailo Drai-Khmara

I pree its peace, this ootland garth,
As the mirk faas on glamourie:
As I hark til Scheherazade,
Thon thoosant-nichtit shenachie.

She drew me nearer, lip ti lip:
'I hae bade lang, my paramour!'
And throu the bou o the gret lift
The müne leamed lang on luve's allure.

The gairden yett, the parks ayont,
Aa gates compete fir a man's favours.
I doot I'll hear the lave o fond
Scheherazaddie's clishmaclavers.

2010

BIBLIOGRAPHICAL NOTES
ON THE POEMS

(in order o appearance; page numbers supplied fir certain originals o the transcreatit items)

SCOTLAND
Mephistophelean Ballant-Scherzo on ane Fife Legend **4.**
Previously published i my pamphlet collection *Scottish Faust* (2004).

FINLAND
The Lass Come Back Frae Trystin Wi Her Jo **7.**
Previously published i the Edinburgh University students' magazine *Fox* (1991).
JOHAN LUDVIG RUNEBERG (1804-1877): 'Flickan kom ifrån sin älsklings möte', frae *Johan Ludvig Runebergs Samlade Skrifter. Första Bandet. Lyriska och Smärre Episka Dikter* (1870), p. 123.

DENMARK
Homage til Carl Nielsen **9.**
Previously published i *Four Fife Poets* (1988).

Kierkegaard's Faust **13.**
Previously published i the magazine *Lallans,* no. 57 (2000).

BELGIUM
Watter o the Auld Canals **15.**
Previously published i *European Poetry in Scotland*, ed. Peter France and Duncan Glen (1989).
GEORGES RODENBACH (1855-1898): 'L'eau des anciens canaux', frae his collection *Les vies encloses* (1896), p. 116-117.

Leuven Europa 17.
Previously published i *Lallans*, no. 57 (2000).

FRANCE
Oor Burgh 20.
Previously published in Arthur Rimbaud, *Alchemie o the Wurd* (Leven: Scots Glasnost, 1990), a gaitherin o transcreations o Rimbaud's poems bi various Scottish poets, published ti merk the Rimbaud centenary i 1991.

The Erseboond 23.
Previously published i the magazine *Spectrum* (1993).
ARTHUR RIMBAUD (1854-1891): 'À la musique' appeared i *Le reliquaire* (novembre 1891). 'Les assis' appeared i *Lutèce* (12-19 octobre 1883). Check oot Léo Ferré - Les assis (Bobino 1969) on You Tube.

The Colourist 25.
Previously published i *Present Poets 2: Scotland to the World, the World to Scotland*, ed. Jenni Calder (1999).

SPAIN
Sonnet 27.
Previously published i the Shetland-based broadsheet *Briggistane* (undatit; atween 1988 and 1991).
PEDRO CALDERÓN DE LA BARCA (1600-1681): this sonnet appears i Act 2 o his play *El principe constante* (1629).

ITALY
Sonnet 29.
Previously published i the magazine *Fras* (2009).

MICHELANGELO BUONARROTI (1475-1564): this sonnet is no. 151 o his *Rime*, first published i Firenze (Florence) i 1623

Twa Poems on the Commedia dell'Arte:
Arlecchino o Bergamo

1. *Arlecchino Ironicomalinconico* 31.
Previously published i the broadsheet supplement ti the magazine *The Gairfish* (1991).

2. *The Angel o Duende* 33.
Previously published i the Irish magazine *Cyphers* (1995).

GERMANY
The Legend o the Leddy Richmodis 40.
Previously published i the bairns' anthologie *King o the Midden: Manky Mingin Rhymes in Scots*, ed. James Robertson and Matthew Fitt (2003).

The Chagall Winnocks in Sanct Stephen's Kirk, Mainz 42.
Previously published i the magazine *Edinburgh Review* (Summer 1992).

The Speirits 44.
Previously published in *Lallans* (2010).

Fable o the Bird, the Cat, and the Pibroch 45.
Previously published i *Lallans* (2010).
WILHELM BUSCH (1832-1908): 'Die Seelen' comes frae his *Zu guter Letzt* (1904).
    'Es sitzt ein Vogel auf dem Leim' appears i his *Kritik des Herzens* (1874).

SWITZERLAND
Schaffhausen Satori 47.
Previously published i *NorthWords* (1991).

The Emmick and the Gresslowper 51.
Previously published i the Swiss special issue o *Lallans*, no. 59 (2001).
'IL SALIP E LA FURMIA': see *Annales della Societad Rhaeto-Romanscha*, v. 16 (1902), p. 37. The original is performed bi the folk musicians Men Steiner and Aita Biert: *Musica Helvetica: New Swiss Talents*, NST 9 / 1982.

Tamangur 54.
Previously published i the Swiss special issue o *Fife Lines* (2002).
PEIDER LANSEL (1863-1943): 'Tamangur' dates frae 1923, and is in his *Poesias originales e versions poeticas. Ouvras da Peider Lansel*, v. 1, ed. Andri Peer (Samedan, 1966).

AUSTRIA
Fir My Cat 57.
See followin entry fir details o the transcreation.
HEIDELINDE PRÜGER (b. 1973): baith her original, 'Für meine Katze' and my transcreation appear thegither i Brian Cole's online anthologie o warld poetry at http://www. brindin.com. The original is collectit i Dr Prüger's gaitherin *Bilder einer Stimme* (Weitra: Bibliothek der Provinz, n.d.).

HUNGARY
The Legend o the Leddy Margret 60.
Maist recentlie published i *Borne on the Carrying Stream*, ed. Eberhard Bort (2010).
ENDRE ADY (1877-1919): 'Szent Margit legendája' appears i his collection *Vér és arany* (Blood and Gold) o 1907.

Minority Status 62.
See followin entry fir details o the trascreation.
GYŐZŐ FERENCZ (b. 1954): the original and my transcreation appeared side bi side i the anthologie *At the End of the Broken Bridge*, ed. István Türczi (2005).
'Kisebbségben' or 'Minority Status' wis first published i the daily paper *Népszabadság*, vol. 57. 16 January, 1999, p. 28, and later i Dr Ferencz's collected poems *Alacsony ég alatt. Régi és új versek* (Under a Low Sky. Poems Old and New), Budapest: Palatinus, 2000, p. 220-221; and recentlie in a new collection *Szakadás* (Rupture), Budapest, Sziget Kiadó, 2010, p. 39-40.

POLAND
The Lyart Laird 65.
Previously published i *European Poetry in Scotland*, ed. Peter

France and Duncan Glen (1989).
ADAM MICKIEWICZ (1798-1855): as faur as I can ascertain, 'Czaty: ballada ukraińska' first appeared i the Polish almanac *Melitele* fir the year 1829, p. 153-156.

Gdańsk December 69.
Previously published i the academic journal *Scottish Slavonic Review* (Spring / Summer 1988).

RUSSIA
Raskolnikov 71.
Previously published i *Poetry Ireland Review*, no. 31 (Winter / Spring 1991), and subsequentlie i the anthologie *The New Makars*, ed. Tom Hubbard (1991).

UKRAINE
Scheherazade 73.
Published here fir the first time.
MYKHAILO DRAI-KHMARA (1889- deportit 1938?): the original appears i *Treasury of Ukrainian Love Poems, Quotations & Proverbs*, ed. Hélène Turkewicz-Sanko (New York, 1997).

WORDLEET / GLOSSARY

Readers micht wish alsweill ti consult *The Concise Scots Dictionary* (Aberdeen, 1985), forby similar prentit and online soorces fir the Scots leid.

A

aa all
aareadies already
aathin everything
ablow under, below, lower, down, underground
abüne above
acquent acquainted
adder-bell dragonfly
ae one
aff off
afore before, in front of
Afrikie Africa
agin against
Ah I
ahent behind
aiblins maybe, perhaps
aicho echo
ain own
aince once
airlier/st earlier/st, first
airly early
airnin earning
airms arms
airns irons, fetters
airt district, area, direction
airtit directed
Aist East
aix axe
ajee to one side
Akh! (exclamation, common to both Scots and Russian)

alane alone
alsweill also
anaa as well, also
ane one
aneath beneath
anerlie only
aneth beneath
apairt apart
apen open
athin within
athort across
atour across, all over
atween between
auncient ancient
ava at all
avatar (Hindustani) the incarnation of a deity
awaa away
awnswers answers
aye still, always, forever
ayebydin everlasting, eternal
ayont beyond

B

bab (1) baby; (2) bob (up and down)
backbane backbone
backgrun background
back-pouch back pocket
bade lived, remained
baest beast

baetin beating
bairn(s) child, children
bairnheid childhood
bairnlie childlike, of childhood
baith both
bálderry (emphasis on the first syllable) a type of wild orchid
ballant ballad
bane bone
bare-scuddie bare-naked
baudrons cat
baur(s) bar(s)
bausy large, fat, coarse
bawbee coin of small value
becam became
begood began
ben (1) mountain (2) in
benmaist innermost
berry-bree berry juice
bevvy drink
bevvy-hous pub
bevvy-stool bar stool
bieldit sheltered
bieldless shelterless
bigg build
bink bench
birds (or burds) young ladies as objects of male desire
birks birches
birkie lively, sprightly, smart
birkilie in a lively manner, con brio
birl turn round and round, whirl

bizzed busied, bustled, buzzed
bit little
blae-black blue-black
blaw blow
bleck black
bleeze blaze
blether chat, talk idly
blichtit blighted
blin blind
blindfauld blindfolded
blink an instant, glance, brief look
blint shed light
blude blood
bludilie bloodily
bluidy bloody
blume bloom
bocht bought
boond bound
bord edge
bou bow
bouk bulk
bour bower
brae slope
braid broad
braidlie broadly, majestically
braisantlie boldly
braw good-looking, beautiful, splendid, impressive
brawlie beautifully, splendidly
bree juice, sap, spirit, poison
breeks trousers
breenge rush forward

breist breast
brek break
bress-baund brass band
brichtly-pentit brightly-painted
brig bridge
brither-makars brother-poets
broch ancient tower
brockie badger
broon brown
bruids broods
brunt burned
brust burst
buik book
buirdlie impressive, stalwart, bold
bummin on talking too much, bragging, being long-winded
bum-note wrong note
burd bird
burgh town
buskit adorned
burns streams
byde live, stay, remain
bydesna does not stay
bylie-bodie senior town councillor, local worthy

C

caa canny beware, be careful
cairries carries
cairry carry
cam came
cankert cankered
canna, cannae can't

carline witch, grotesque (though sometimes venerable) old woman
cauld cold
causey-stanes cobble-stones
cept except
chafts jaws, cheeks
challance challenge
chaps chops
chaumer chamber
chaunce chance
cheatrie phoney
cheenge(less) change(less)
chiel fellow
chitterin shivering
cholls jowls
chuckies pebbles
clachan(s) village(s)
clack sharp sound
claes clothes
clart dirt, muck
cleek seize, get hold of
cleeked hooked, linked
cleir clear
cleirin clearing
clert dirt, muck
clishmaclavers idle chatter, nonsense
close passageway, alley, entrance to block of tenements
clouts shabby clothes
collogue (whispered) conversation, discussion, conference
conceait imaginative idea, conceit
conteened contained

coonter counter
coonterpairt counterpart
coonterpynt counterpoint
coonties counties (here, specifically, cantons)
coorse coarse
coort court
corbie-steps crow-steps (architectural feature, on gable ends)
corp body
corpus body
cour cower
cowpit ruined, demolished
craigs rocks, i.e. rockfaces
craitur creature
cramasie crimson
cratur creature
creeshie greasy, fat
crood crowd
crum crumb, piece
cry (verb) call, name
cuddies horses
cuid could
cundie tunnel, passage, drain

D

dabbest o dab haunds most expert of expert hands
dae do
daein doing
daftie half-witted, simple
daith death
dander temper
darg job, task
darger worker
datchie hidden

daunce(d) dance(d)
daundered strolled
daur dare
daurk(ness) dark(ness)
Dauvit David
dawin-oor dawn (hour of)
decorement decoration
dee (1) die; (2) do
deil devil
deil a body nobody (literally, devil a body)
deleerit delirious
delicht delight
dell dig
dern hidden
deuklin duckling
dinger, went his got very upset
dings doun strikes down
dinna don't
dirl the striking up of a tune, a loud, vibrating sound; to strike, vibrate
disdene scorn, disdain
disjynit disjoined
disna doesn't
dochter daughter
dollyburds dollybirds, attractive young women (a term now considered seriously naff)
donnert stupefied, stupid
doobtsome doubtful, dubious
dool sadness
doolie doleful
doot (1) doubt; (2) expect. [The Scots word is

conveniently ambiguous]

douce prim, respectable, neat, over-refined, genteel

doun down

dountoun downtown

dour hard, stubborn, difficult

dover doze

dowie ailing, rejected

draps drops

drapped dropped

dreich dreary, bleak

dreid fear; something which terrifies, horrifies

drouth dryness, drought, thirst

drow cold wet mist, drizzle

dub puddle

duds clothes, rags

duende (Spanish) 'the spirit of the earth', the deepest sources of art (see the 'cante jondo / deep song' of Federico Garcia Lorca). The Scottish poet and folklorist Hamish Henderson remarked that 'it is not without interest that the Scots travelling people have an expression "the conyach", which exactly corresponds to the duende.' (Hamish Henderson, 'Lorca and *cante jondo*', *Cencrastus*, no. 26 (Summer 1987).

dug dog

düne done

dunner thunder, rumble, thump, thud

dunt(s) knock(s), hit(s)

dwam strange, unusual level of (un)consciousness, swoon, daydream, trance

dwyne decline, dwindle, fade, wither

dwynin dwindling, vanishing

dyke wall

E

earn eagle

easy-osy - easy-going, lazy, without effort

ee eye

een eyes

eenin-licht evening-light

efter after

eldritch weird(ly), ghostly, unearthly

Embro Edinburgh

emerant emerald

emmick ant

enbrace embrace

encuffed made scruffy/ digusting

eneuch enough

enfaulds enfolds

equal-aqual equally prepared, equally-balanced, alike

erd earth

erse arse

erseboond arse-bound, sedentary

ert art

ettle aim, attempt

eydent diligent, thorough

F

faa(s) fall(s)
facetit faceted
fack fact
faddom fathom
faem foam
faes foes
fair fairly
fairheid beauty
fancy-duds fancy clothes
fand found
fankle tangle, complexity
fankled tangled
fashed troubled
faur far
faurer further
fause, fauselike false,
  unfaithful
faut fault, find fault with
fedders feathers
feemin foaming
fegs! [an exclamation]
fendin defending
fendit defended
ferlie marvel, marvellous,
  strange, wonderful
ferm farm
fesh fetch
fir for
fivver fever
fizzin in a great rage
flair floor
flet flat
flicht flight
flist explode, explosion,

fight furiously, rage
flooer flower
flour-cup flower-cup
flude flood
fly crafty
flype loose piece of skin
follae(in) following
foond foundation, basis
foonders founders
forby besides, moreover, as
  well as, also
fore-efter-kin - both ancestor
  and descendant
forefowk ancestors
foregaither meet, gather
  together for a meeting
forenent opposite, in front of
forrit forward
fortalice fortress
fortoun fortune, chance
fou-breekit pompous
  (literally, full-trousered)
foustie musty, mouldy
fower four
fowerth fourth
fowk folk
fozie fat, flabby
frae from
fraucht burden (freight)
freend friend
frien friend
fuff oot puff out
fuithills foothills
fuitsie-fuitsie erotic
  gratification achieved with
  the feet
fund found
fundit funded

84

furthilie boldly

G

gae(d) go, went
gainest most suitable, most advantageous
gairden garden
gaither gather
gallus bold, mischievous
gang go
gangrel vagabond, wanderer
gantin gaping
gar to cause, compel, force
gart made, caused
garth enclosure, yard, garden
gate(s) way(s), road(s), route(s)
gaun gone
geck mock
gecked at derided, mocked
geggie show, performance
gey very
ghaistly ghostly
gie give
gin if, if only, since
glaikit stupid, foolish, idiotic
glamourie glamour
gleg quick, ready, nimble
glegly keenly, in a lively manner
glen valley
gless glass
glisk(ed) glance(d)
gloamin dusk, twilight
gloamin-fu twilight-full
glower stare, scowl

glushie slushy
gobbed spat
goun gown
govin staring
gowd(en) gold(en)
gowk fool
graith prepare
grat wept
grave-howker grave digger
greens grassy areas, lawns
greet weep
Grenzübergang (German) border crossing
gresslowper grasshopper
gret great
grippy grasping, mean, close-fisted
Grote Markt (Dutch / Flemish) main market place (great market)
groun ground
growthie fertile
growthieness vegetation
grun ground
grup(ped) grip(ped)
guaird guard
gurlin growling
gut-scrapers fiddlers

H

haa hall
haar cold, easterly mist or fog
haar-happit – wrapped in a cold mist
hainches haunches

hairst harvest
hairt heart
haizie hazy
hale whole
haleness wholeness, health
hame(wart) home(ward)
happin covering
harn(s) brain(s)
harnpans skulls
harsk harshly
haud hold
haud weill forrit hold well
  forward, proceed
hauf half; alcoholic drink,
  i.e. nip or dram of whisky
haund hand
haurdlie hardly
haveril garrulous fool
hecht promise
heeze raise
heich high
heid head
heidbangeers headbangers,
  people who act against their
  own best interests
heid-bummer person of the
  highest authority, bigwig,
  potentate, gaffer, boss, pillar
  of the community
heid yin head, chief
heiven heaven
hert heart
hicht height
hidlins hidden
high-heid yin(s) pillar(s) of
  the community, boss(es)
hirst barren ground
hissel/his-sel himself

hit/ hit's it / it's
hochs thighs
holy-joes ostentatiously
  religious people
horniegoloch earwig
hotchin seething
hotterin seething
houghmagandie
  fornication
howe plain, hollow
howff pub, inn (can also
  mean graveyard)
hunder hundred
hunneryear(s) century,
  centuries
hurdies haunches, buttocks
hüre whore
hushies lulls to sleep

I

i, i' in
ickers ears of corn
ilk, ilka each
ilkabody everybody
ilkane each one
impalit impaled
incaa invoke
inch(es) small island(s)
ingle-cheek fireside
ingine temperament
inmaist inmost
insaefaur insofar
insicht insight
inti into
intil into
intrait entreat
isnae isn't

ither other
itsel itself

J

jags thorns, nettles
jaup splash, spill
jaur jar
jeedged judged
jo sweetheart, lover, boy/
  girlfriend
joco joyful
Joe Public ordinary member
  of the public, punter (Joe
  Sixpack)
joug jug
juist just
jyne join

K

kailyard the conservative,
  sentimental representation,
  in literature, of rural and
  small town life (literally,
  cabbage-patch)
keek peep
keekin-gless looking-glass,
  mirror
ken know
kenna don't know
kenspeckle prominent,
  eminent, conspicuous
kent knew
kest cast
kinderspiel (German, here
  Scotsified) child's play, toy
kinna kind of

kinrik(s) kingdom(s)
kintra country
kirkyaird churchyard,
  graveyard
kitlins kittens
kittled excited, restive

L

lade load
lair grave; mud, mire
laird lord, landowner
lairn teach, learn
lairstanes gravestones
laith loath
lane lone
laneliness loneliness
lang along, long
langer longer
langlistit long-listed,
  nominated
lang-steidit founded a long
  time ago
lang-waitit long-awaited
lat, lattin let, letting
lauch(in) laugh(ing)
lauchter laughter
laund land
lave the rest, remainder
lawd(ie) laddie, son
  (affectionate term of
  address)
leamed shone
leamin radiant
leams gleams of light
lear learn(ing)
leather to beat, chastise
  (as with a leather strap,

'Lochgelly tawse')
lecter lecture
leddy lady
lee lie
leid language
leman lover
lemanry sexual love
lenth length
lest last
let hindrance, delay,
  obstruction
leuk look
licht light
lichtnin lightening
lift sky
lik like
limmer hussy, flighty girl
limned depicted, drawn
limner painter
linn stream, river, current
lippers lepers
litermafiosati literati +
  mafiosi, i.e. supercilious
  literary cliques
loan rough track in the
  countryside
loof palm (of hand)
loun boy, lad, fellow
lourdieness heaviness of
  heart
lourdness heaviness
lours lurks
lowp(s) leap(s), jump(s)
lowp-the-gress grasshopper
lug(s) ear(s)
luve(r) love(r)
lyart grey-haired / bearded,
  oldish

M

maik image, resemblance
mair more
mairch (1) march;
  (2) border, frontier
mairvel marvel
maist most
maist o's most of us
maister master
mak make
makar maker, poet,
  craftsman, builder
makarheid art, poethood,
  i.e. state of being a poet
maks mane makes moan,
  moans
maks retour returns
mameloschen (Yiddish)
  mother-tongue
mang among
manky filthy, disgusting
mantie mantle, cloak,
  gown
mauchtless limp, helpless
mebbe maybe
meeracles miracles
mell mix, mingle, blend,
  get involved with
mercat market
merk mark
micht might
mirk, mirkie dark,
  darkness
mirligo light-headedness
mishanter misfortune
mither-leid mother- tongue

mithers' kinrik the mothers'
kingdom (see Goethe's
Faust, Part 2)
moch close, oppressive,
humid, misty weather
mony many
mou mouth
mouten melt
muckle, muckler big, bigger
muid mood
muir moor
muivement movement
mulls promontories
müne moon
murther murder
my lane alone
myndit reminded
myriat myriad
mysel myself

N

nae no
naetheless nevertheless
naethin nothing
naitral natural
nane none
neb nose
neds young louts
neet nit, louse
neist next
nerra narrow
neuk nook, corner
new-lowsit newly-released
nieves fists
nixt next
nocht not, nothing
nochtless worthless

nor than

O

objeck object
Och! [an exclamation; variant
of Ach / Akh]
ocht any, anything
ontil until
onythin anything
oorie uncanny, disquieting
oors hours
oot out
ootland outland, outlying
land
ootleuk outlook
oppones opposes
or before
orra odd, superfluous,
strange, shabby,
disreputable
o's of his, of us
o't of it
ower over, too
owergien overrun, infested

P

pad path
pairtit parted
pápingo parrot
park(s) fields
pauchtie arrogant, haughty
pechin panting
peelie, peelie-wallie pale,
wan
peerie small
peety pity

penter painter
pentit painted
perfervid ardent
pest plague
peysoned poisoned
pianie piano
pickle small number
picter picture
pilgramage, pilgrame
  pilgrimage, pilgrim
pirlicue a flourish, made
  with some style, at the end
  of a word or piece of work;
  a sequel or summary
pit put
pley play
plaitit intertwined,
  interwoven
pleyed oot played out
pliskies mischievous tricks
pliskiest most mischievous,
  wiliest
plookie spotty
pockie pock-marked
port gate
pouch pocket
pouer power
poukit plucked
pow head
pree(d) experience(d),
  taste(d)
preein the lips kissing
prentit printed
projeck project
proodly proudly
pruives proves
puckle few
puir poor

pund pound(s) sterling
punter 'ordinary' member of
  the public, Joe Sixpack
pyne pain
pynt point

Q

quaitlike quietly
quean girl, lass, young
  woman

R

rack wreck, destruction
racked strained
rade ridden
raggit ragged
raither rather
raip rope
rammy, rammies violent
  disturbance(s), fight(s)
ramp stamp
Raskauldnickov 'Auld Nick'
  is a name for the Devil
rasps raspberries
raw row
rax stretch, expand
redd clear, clean, prepare
redoobt redoubt
reek vapour, smoke,
  pollution
reekin smokey, smelling,
  polluted
reenge(d) range(d)
reeshlin rustling, whistling,
  shivering
reid red

reivin plundering
repone reply
resairch research
retour return
reuchlie roughly
reuch-tongued rough-tongued
richtly rightly
rickle o banes skeleton
ricklie dilapidated
rinnin running
roond round
roun round
runkle wrinkle

S

sacrit sacred (homophonic with saicret – secret)
saft soft
safties softies, sentimental boys needing toughened up
saicont second
sair (1) serve; (2) sore(ly)
saired served
sairie in a sorry condition
sair-testit sorely-tested
sairvant servant
saison season
saits seats
sall shall
sancts saints
sang(s) song(s)
sappiness soppiness
sark shirt
satori (Japanese, a term from Zen) moment of illumination, an epiphany
saucht peace
saund sand
saxty(-three) sixty(-three)
scart scratch
schulin schooling
Schwytzerdütsch - the Swiss-German language
scowked sneaked
scriever-lawd writer-lad
scrievin writing
scruif scrurf
scunner disgust, annoy, nauseate
seelance silence
see's give me (as in ordering a drink in a pub)
seeven seven
sel self
shadda shadow, ghost
shadit shaded
shagged derived sexual gratification
shair sure
shak shake
sharn dung
shaw show
sheenin shining
sheens shines
shenachie storyteller
shoogle shake
shouthers shoulders
sic, siclike such
siccar sure, certain
sicht sight
sichtless sightless
sidelins sideways
siller money

simmer summer
skail a strong, scattering, driving, stormy wind
skeelie skilful
skelet skeleton
skellum rascal
skelpit smacked, chastised
skiffin gliding
skimmerin face shining, gleaming surface
skinkle(s) sparkle(s)
skirl (1) cry, squeal; (2) gusty weather, flurry of snow or hail
sklent oblique movement, sideways turn
skolin toast
skrankie thin, scraggy
slaw slow
sloom slumber
smaa, smaaer small, smaller
smeddum courage, pluck, spirit, energy
smit contagious disease
smoorit snothered
snaw snow
sneckit locked
snirtled sneered
snod neat, comfortable
snottery full of nasal mucus
socht sought
sodgers soldiers
somewan someone
sooch breeze
soorces sources
soorness sourness
souch sound, sigh, breeze, song, tune, melody, accent, way of speaking
souchless windless
souk up to flatter
souns sounds
souple supple
sowel soul
spae-wife female fortune-teller, prophetess
spairgin scattering, sprinkling
spangs leaps
speir to ask, ask for, question
speirit(s) spirit(s)
spreckled speckled, mottled, variegated
spreid spread
spreit spirit
spunk semen
stane stone
starn star
staun(s) stand(s)
steek stitch
steir stir
stell to place in position, set up, prop
sterk stark
stertle startle
sterts starts
stound ache or thrill
strae straw
straik streak
stramashes smashes
strang strong
straucht straight
stravaiger wanderer
streetched oot hanged (stretched out)

stuggit pricked
subjeck subject
suid should
supposit supposed
swall swell
sweetie-wifes fussy,
  garrulous people, usually
  male
sweit sweat
sweyed swayed
swither state of uncertainty
  or confusion
swoofin swooping
swurlin swirling
syle soil
syne since (then); then

T

taeds toads
taen taken
taigles delays, entangles
taiken token
tak take
tapmaist topmost
tash(ed) stain(ed)
tattie tattered
teir to tear
tempo di barca, etc. (Italian)
  musical terms
tendit tended
territour territory
thae those
thaim them
the-day today
thegither together
thereëfter thereafter
thir these

thocht thought
thole endure, put up with,
  tolerate reluctantly
thon that
thon's that's, that is
thoosant-nichtit thousand-
  nighted
thrab throb
thrang crowd
thrawnly extremely
  stubbornly (in a Scottish
  manner)
threid thread
thristle thistle
tid time, season, occasion
tike, tyke scruffy, lower-
  class person
til to
tink lower-class person
  (derives from tinker)
tint lost
toff posh, upper-class person
toffee-nebbit stuck up,
  snobbish, conceited
toom empty
touer tower
tousie tangled
traikin wandering,
  tramping, trudging
traivels travels
trauchlin walking slowly
  and wearily, struggling,
  drudging
tremmlin trembling
troke business
trummle tremble
twa two
tyne lose

tyrannitised tyrannised

U

ugsome ugly
umwhile former
unco uncanny, uncannily,
  extremely
unco-guid the too-good,
  i.e. self-righteous,
  sanctimonious people
unglowerin unglowering
Uni University
unlozened unlatticed
unmuivin unmoving
unmurned unmourned
unner under
unrowe unroll
untenty unmindful,
  unconcerned

V

vennel narrow lane, alley
verra very
vieve living
virr energy

W

waa(s) wall (s)
wab web
wad (1) would (2) wed
waddin wedding
wadna wouldn't
waefu woeful
wairn warn
wairsh bitter

wal(s) well(s)
walcome welcome
walin selection,
  representation
walk procession
wan one
wanhope despair
wappen weapon
wark work
warld world
warsle(s) struggle(s)
watergaw rainbow
watter water
waukened wakened
waukenin wakening
waywart wayward
wecht(it) weight(ed)
wedow/weedow widow
weemen(fowk) women
  (folk)
weengs wings
weill well
weir(s) wear(s)
weird fate, fortune, destiny
weirin wearing
wey(s) way(s)
whaur where
wheengin whining
wheesht (be) quiet
wheezlin wheezing
whilk which
whit what
whit fir no why not?
whummles upsets
whussle whistle
win reach, attain
winchin courting
winkers eyelids, eyelashes

winna will not
winnock window
wi's with his
wisnae wasn't
wizzens causes to shrivel or
  wither
wrack wreck
wrang wrong
wratch wretch
wrattie warty
wrocht worked, wrought
wuid(en) wood(en)
wunner wonder
wynds narrow, winding
  streets or lanes

YZ

yallowin yellowing
yett gate
yill ale
yin one
yince once
yird earth
yit yet
yont beyond
yuise use
zeill zeal
zig-zeggie zig-zagged

Four Fife Poets (wi John Brewster, William Hershaw and the late Harvey Holton; Aberdeen University Press), *Tak 5 / Tak 50* (CD; wi William Hershaw, Angus Martin, David C. Purdie and David Purves; Scotsoun), *Scottish Faust: Poems and Ballads of Eldritch Lore* (Kettillonia), *From Soda Fountain to Moonshine Mountain: American Poems* (Akros), *Peacocks and Squirrels: Poems of Fife* (Akros). His novel, *Marie B.* (Ravenscraig Press), based on the life o the Ukrainian penter Marie Bashkirtseff, wis langlistit fir a Saltire buik o the year award. His non-fictional buiks are *Seeking Mr Hyde: Studies in Robert Louis Stevenson, Symbolism, and the Pre-Modern* (Peter Lang), *The Integrative Vision: Poetry and the Visual Arts in Baudelaire, Rilke, and MacDiarmid* (Akros) and *Michael Scot: Myth and Polymath* (Akros). He has editit or co-editit mony ither publications ower the past three decades.

In the spring semester o 2011 he was Lynn Wood Neag Distinguished Visiting Professor i the Depairtment o English at the Universitie o Connecticut.

He wis Professeur invité at the Stendhal University, Grenoble, in 2011-12, and a Scriever-in-Residence at the Château Lavigny (Ledig-Rowohlt Foundation), Vaud, Switzerland, i the spring o 2012. His twa latest gaitherins, The Nyaff (Windfall Books) and The Merry Dancers (wi Sheena Blachall' Malfranteaux Concepts) hae alsweill kythed I 2012.

On *Seeking Mr Hyde*: 'a slim volume of considerable depth and insight'. (Hazel Hynd in the *Scottish Literary Journal: the Year's Work*).

On *Tak 5 / Tak 50*: 'his poems gie ye yon oorie metaphysical trummle doun the backbane' (Ann Matheson in *Lallans*).

On *Scottish Faust*: 'There's depth here' (Robert R. Calder in *Lallans*).

On *Marie B.*: 'I loved this book, not least because of all that it did not say. The spaces and silences are as eloquent as the writing. But of course that is exactly as it should be, given that this is a book by a poet about what it means to be an artist' (Catherine Czerkawska in the *Edinburgh Review*).

Made in the USA
Charleston, SC
25 May 2013